Jóvenes

INSECTOS

Claire Llewellyn

MEGA EDICIONES

Edición latinoamericana

Director editorial para
América Latina: Aarón Alboukrek
Traducción-adaptación: Ediciones Larousse Latinoamérica con la colaboración de Ma. Emilia Picazo
Jefa de revisión de pruebas: Ma. de Jesús Hilario
Adaptación tipográfica: Salvador Martínez

Edición inglesa

Autora: Claire Llewellyn
Asesor: Michael Chinery
Editora: Camilla Hallinan
Editora de la serie: Sue Nicholson
Ilustradores: Chris Forsey, Andrea Ricciardi di Gaudesi, David Wright
Editora de arte: Christina Fraser
Directora de arte: Terry Woodley
Diseñador de la serie: Ben White
Control de la producción: Kelly Johnson

Contenido

Un mundo pequeño

¿Puedes imaginarte ser muy, muy pequeño? Millones de animales son más pequeños que una de tus uñas. Para ellos, el césped es tan denso como un bosque y una flor es alta como un árbol.

Esto tal vez daría miedo, pero puede ser útil. Los bichos pequeños pueden esconderse en cualquier parte: bajo una hoja, en una nuez o entre el pelo de un animal. Allí están a salvo de aves, ranas y otros animales que podrían devorarlos.

Escondites

A nuestro alrededor viven multitud de bichos, pero a veces ni siquiera nos damos cuenta. Búscalos en los sitios donde se esconden: bajo una piedra, dentro de una maceta o en las grietas de un muro.

Una gran colección

Moscas

Existen millones de bichos distintos que viven por todo el mundo. De hecho, hay tantos tipos diferentes que los científicos los han clasificado por grupos. Cada grupo contiene animales con características parecidas.

Insectos

Todos los animales de esta página (escarabajos, abeja, mariposa, moscas, hormigas y chinches) son insectos. Hay más insectos en el mundo que cualquier otro tipo de animal.

Mariposa

Chinches

Las chinches son un tipo de insecto con una pieza bucal útil para picar

Este libro trata sobre los insectos y las arañas. Igual que otros bichos, los insectos y las arañas tienen una cubierta dura sobre el cuerpo, llamada exosqueleto. Ésta protege los órganos blandos del interior como una armadura.

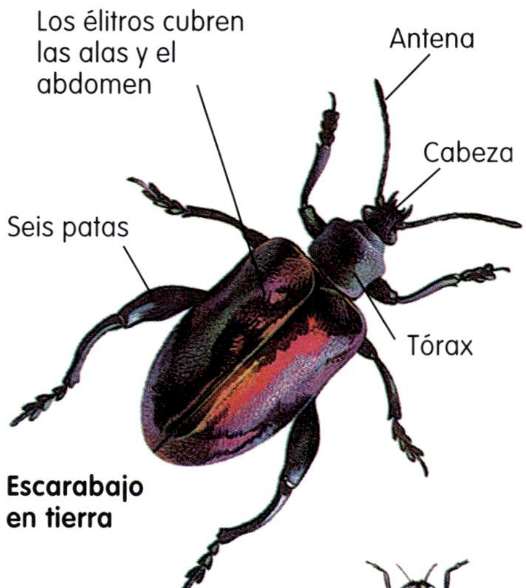

Escarabajo en tierra

Escarabajo al volar

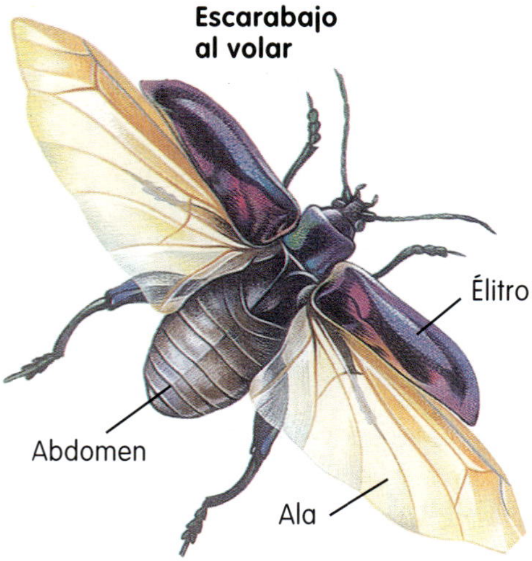

Abeja

La **mariquita** es un tipo de escarabajo

Hormigas

Los insectos pueden ser muy distintos entre sí, pero todos tienen tres pares de patas y un cuerpo con tres partes: cabeza, tórax y abdomen. Muchos insectos también tienen alas, y la mayoría tiene antenas.

Araña

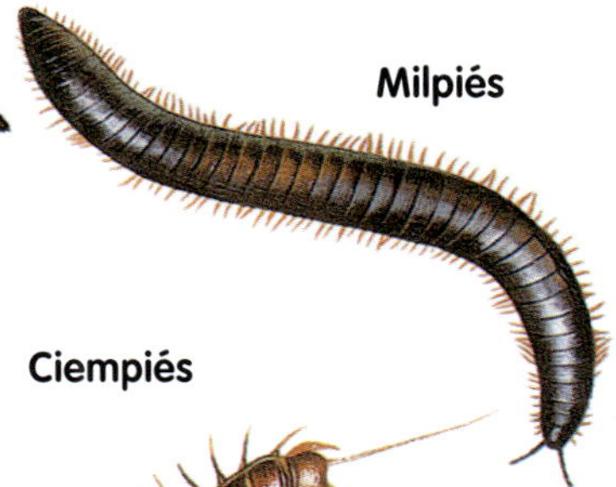

Milpiés

Ciempiés

Otros bichos

En este libro verás otras clases de bichos. Viven en los mismos lugares que las arañas y los insectos.

Los ciempiés y milpiés tienen cuerpos largos con muchos segmentos. Los ciempiés tienen un par de patas en cada segmento; los milpiés, dos.

Arañas

Las arañas tienen un cuerpo con dos partes: cabeza y tórax delante y abdomen atrás. Las arañas tienen cuatro pares de patas, un par más que los insectos.

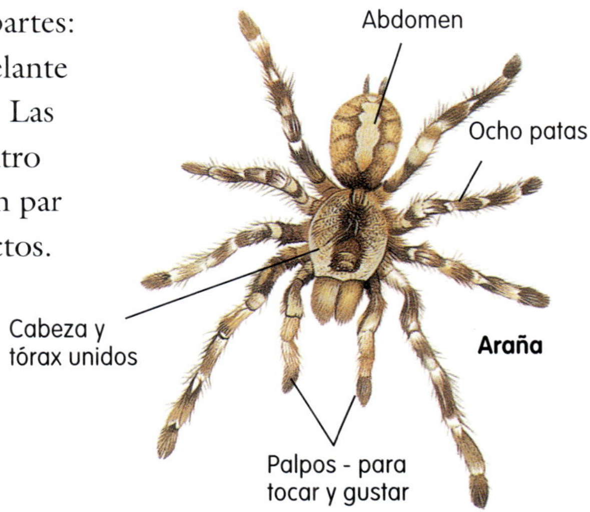

Araña

Ácaros del polvo

Caracol

Los caracoles y las babosas no tienen patas. Se arrastran sobre la barriga. Los caracoles tienen un caparazón duro; las babosas, no.

Los alacranes y los ácaros son parientes de las arañas. Los alacranes tienen un cuerpo de dos partes y los ácaros, de una. Igual que las arañas, tienen cuatro pares de patas.

Alacrán o escorpión

Ácaros rojos

Las lombrices de tierra tienen un cuerpo largo y blando con pequeñas cerdas. No tienen esqueleto ni caparazón que las proteja. Viven entre la tierra húmeda y blanda.

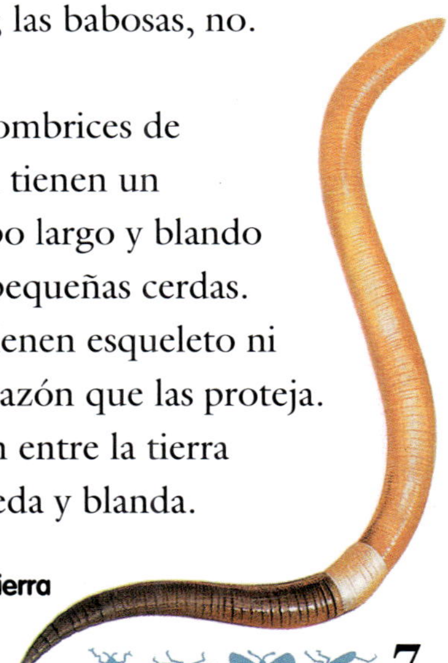

Lombriz de tierra

Arañas tejedoras

Las arañas son criaturas extraordinarias. Pueden fabricar una seda más fuerte que el acero y tejer con ella hermosas telarañas. La telaraña es importante porque muchas arañas tienen mala vista y sus trampas pegajosas les permiten conseguir alimento. Cuando un insecto choca con la telaraña, la araña lo siente con los pelos de las patas y corre por su presa.

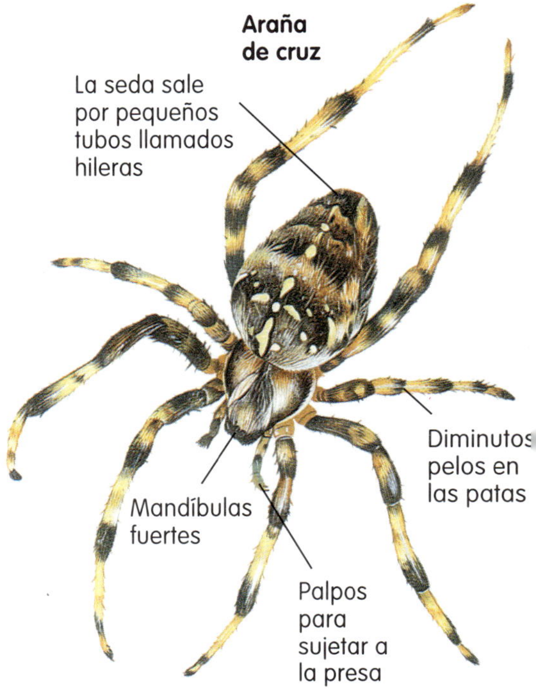

Araña de plataforma

Esta araña teje una red plana con hilos cruzados encima. Pequeños insectos chocan con los hilos y caen a la telaraña.

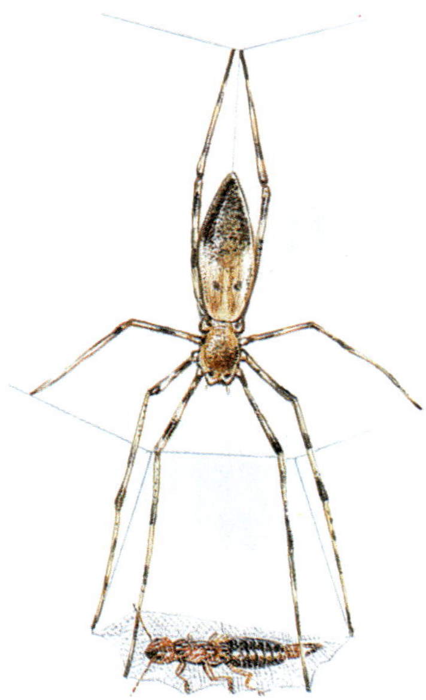

Araña cara de ogro

Esta araña cuelga cabeza abajo y sostiene su tela con las patas delanteras. Arroja la telaraña sobre sus presas como una red.

Araña de agua

La araña de agua vive bajo el agua en una telaraña con forma de campana. Sale de ella y atrapa pequeñas criaturas cuando nadan cerca.

La telaraña

Muchas arañas tejen una telaraña nueva cada día.

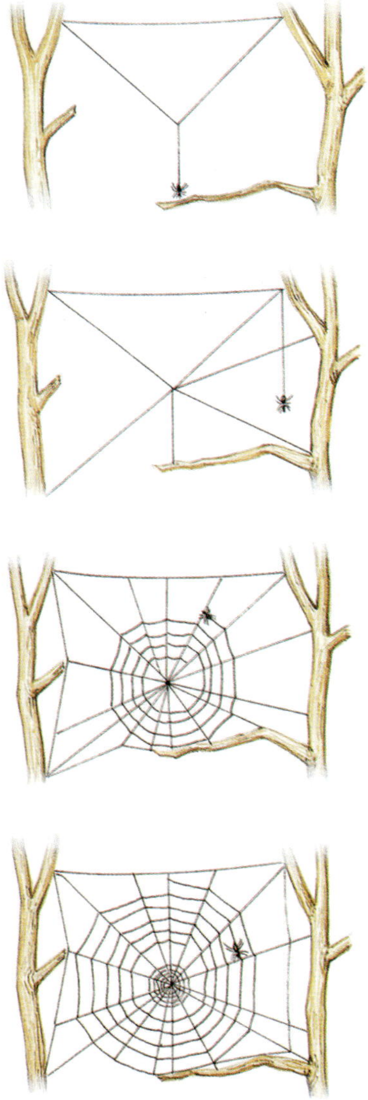

Las arañas de jardín hacen telarañas circulares. Tardan cerca de una hora.

Cuando un insecto queda atrapado en su telaraña, la araña le inyecta veneno y lo envuelve en una capa de seda. El veneno mata al insecto y lo hace líquido. La araña se alimenta de este líquido.

Arañas cazadoras

Las arañas cazadoras persiguen, emboscan o saltan sobre su presa. No usan telarañas. Tienen buena vista para distinguir a sus presas y patas fuertes para atraparlas. Sus mandíbulas sirven para morder. Algunas arañas usan las mandíbulas para excavar madrigueras, donde se ocultan.

Araña errante

La araña errante no tiene hogar. Anda siempre de aquí para allá buscando un grillo o una cucaracha que comer.

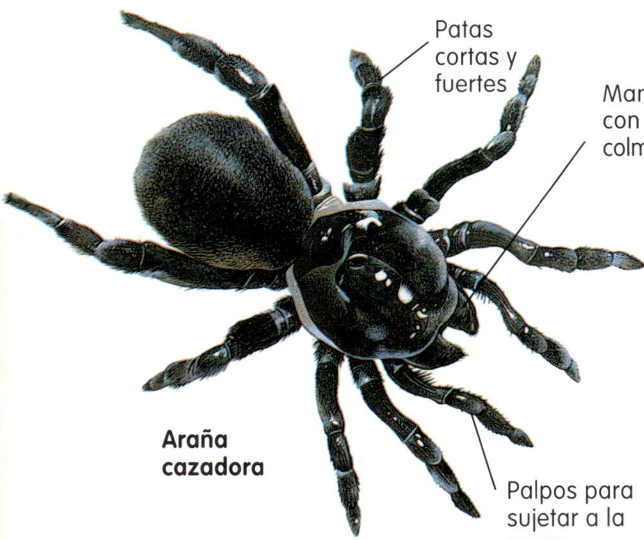

Araña cazadora

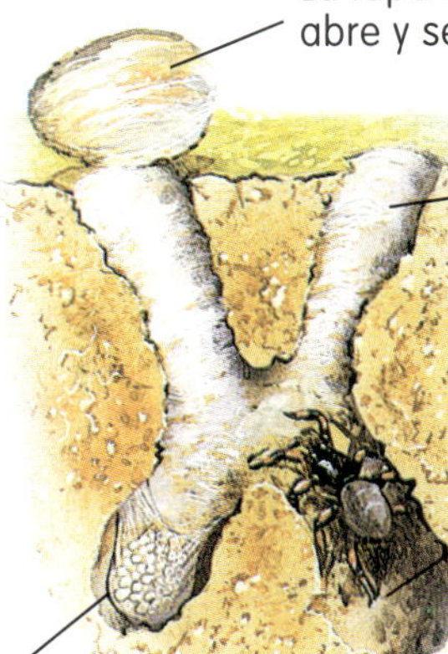

Madriguera de una araña de trampilla

Araña de trampilla

La araña de trampilla hace una madriguera bajo tierra excavando con las mandíbulas. Después, recubre la madriguera con seda, la cierra con una tapa y la disimula con ramitas y hierba. La tapa la protege de la lluvia y los enemigos.

Alguacil

El alguacil, de vista muy fina, acecha a su presa como un gato y salta para atraparla.

Araña boleadora

La araña boleadora atrapa insectos con una hebra de seda pegajosa, como si fuera un lazo.

Araña escupidora

La escupidora atrapa insectos con una goma que arroja por los colmillos.

▶ Al anochecer, la araña abre la tapa de su madriguera y espera. En cuanto algún insecto pasa cerca, la araña salta, lo paraliza con veneno y lo lleva a la madriguera para devorarlo.

Abejas y avispas

Las abejas melíferas trabajan todo el verano. Vuelan de flor en flor, libando el néctar que éstas tienen. Hay muchos tipos de abejas. Casi todas viven solas en un nido o tronco hueco. Pero las melíferas, que elaboran miel, viven por miles en un grupo enorme llamado colonia. Una colonia trabaja en equipo. Entre todas hacen el panal, buscan alimento, se defienden y atienden a sus crías.

Un panal

Las abejas hacen su nido o panal en una cueva o tronco hueco. Fabrican cera y con ella van armando las celdillas del panal. Un panal es resistente y puede durar hasta 50 años o más.

Un avispero

Las avispas también viven en colonias. Cada año hacen un nido nuevo con capas de papel. Fabrican el papel mascando pedacitos de madera que mezclan con saliva. El nido tiene una entrada estrecha que siempre está vigilada. Dentro del nido las avispas mantienen sus huevos y crías a salvo.

La vida de las abejas

Huevo

Larva joven

Larva madura

Pupa

Obrera

Zángano

Reina

1 En un panal, la mayoría de las abejas son hembras y se llaman obreras. Hay unos pocos machos llamados zánganos. Una de las abejas es la reina.

2 Cuando es joven, la abeja reina se aparea con los zánganos. Poco después empieza a poner miles de huevos. Pone cada huevo en su propio espacio, o celdilla, dentro del panal.

3 En tres días, salen de los huevos unos pequeños gusanos llamados larvas. Las obreras alimentan a las larvas con néctar y polen de las flores.

4 En pocos días, las larvas ya están maduras y las obreras sellan sus celdillas con cera. Cada larva se convierte así en una pupa que luego se transforma en una abeja.

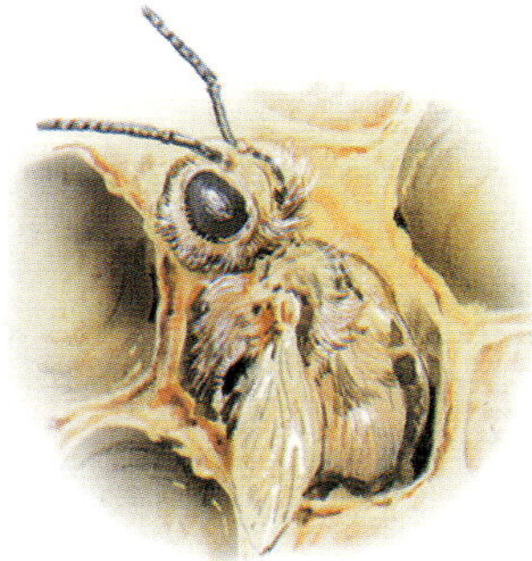

5 En cuanto nacen, las nuevas abejas empiezan a trabajar. Limpian el nido, alimentan a la reina y cuidan a más huevos.

6 Al madurar, las jóvenes abejas empiezan a fabricar cera y agregar celdillas al panal para guardar reservas de alimento para el invierno.

7 Durante el verano, las obreras salen del panal a recoger alimento. Liban el dulce néctar de las flores con su larga lengua.

8 El polen es un polvo amarillo de las flores. Las abejas recogen el polen con las patas traseras y lo llevan de vuelta al panal.

9 En el panal convierten el néctar en miel y la guardan en las celdillas. También almacenan allí el polen, en capas.

10 Cuando una abeja halla una nueva fuente de alimento, vuelve al panal y ejecuta una danza especial para que las demás también la encuentren.

11 Si un panal se llena demasiado, la reina se va con un grupo de obreras para hacer un nuevo panal. Una larva del antiguo panal se convierte en reina.

12 Las abejas descansan en invierno. Se alimentan de sus reservas de miel y no salen. Al volver la primavera, salen otra vez por néctar.

Hormigas laboriosas

Las hormigas hacen su nido bajo grandes piedras o plantas. En cada hormiguero hay cientos de hormigas. Una de ellas, la reina, pone todos los huevos. Las demás son obreras con diferentes tareas, como alimentar a las larvas o recoger comida. Las hormigas comen toda clase de plantas y animales. Cuando encuentran alimento, marcan el camino al nido con un intenso olor, que las demás siguen rápidamente.

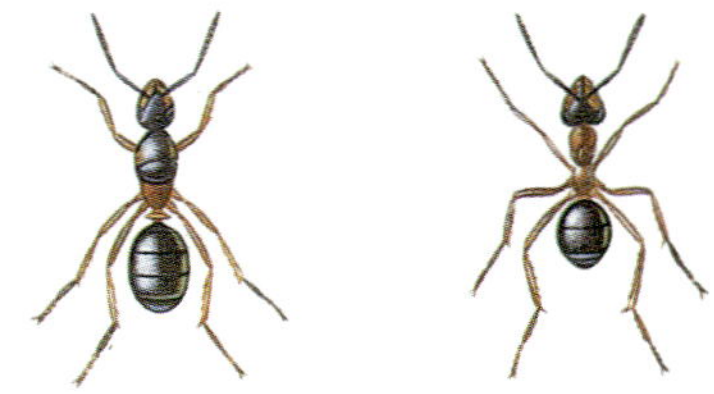

La reina

La hormiga reina tiene alas, pero se las arranca después de volar para ir a aparearse con un macho. Pasa el resto de su vida poniendo cientos de huevos.

Las mariposas diurnas suelen tener alas de colores muy vistosos.

∆ Atlanta

No es posible imaginar un mundo sin insectos. Son el grupo de seres v más abundante y variado. Se conocen más de 700 mil tipos diferentes, cree que tal vez existan 3 millones. Tan sólo de cucarachas hay 3 m y de mariposas 100 mil.

Los insectos tienen el cuerpo dividido en tres partes: cabeza, tórax abdomen. Todos pasan por una transformación llamada metamorfosis, va del huevo al estado adulto. Cuando son adultos, los insectos prese antenas y muchos tienen alas. Aunque su tamaño suele ser pequeñ varía de menos de un milímetro a 30 centímetros.

Los insectos viven en todo el mundo, salvo en los polos. Los hallamos tierra, el agua y el aire. Unos realizan sus actividades de día y otros noche. Cumplen muchas funciones, entre ellas la polinización de las pla Algunos transmiten enfermedades.

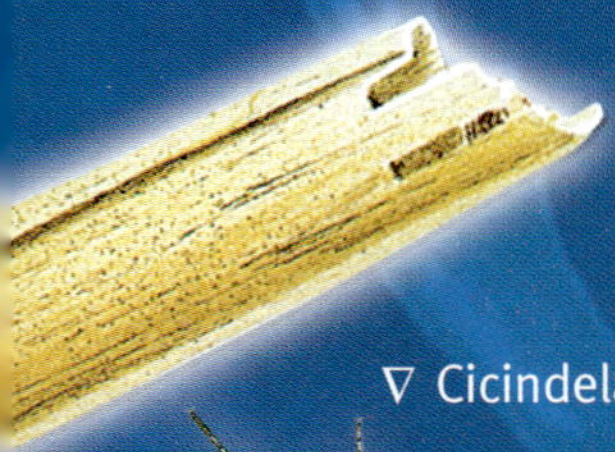

∇ Cicindela

arabajo perlado

Insectos

∇ Las mariposas nocturnas o polillas adoptan colores que les permiten confundirse con lo que está a su alrededor.

◁ Oruga antes de convertirse en capullo.

ivos
y se
l,

y
que
ntan
,

en la
de
ntas.

∇ Picudo

◁ La luciérnaga emite una luz para atraer a sus compañeras.

◁ La cachipolla o efímera sólo vive en estado adulto un día.

◁ El zapatero es capaz de caminar sobre el agua.

◁ Luego de vivir dos años en forma de ninfa en el agua, la libélula se transforma en un adulto volador.

Δ Macaó

▷ Los coleópteros tienen una cubierta dura que los protege.

Hormigas tejedoras

Las hormigas tejedoras hacen su nido en equipo. Algunas mantienen juntas las hojas. Otras unen los bordes de las hojas con un hilo de seda pegajoso que fabrican sus larvas.

Hormigas meleras

Las hormigas meleras usan a algunas obreras como barriles. Cuando hay muchas flores, llenan a las obreras de néctar, y las "ordeñan" cuando escasea el alimento.

Un hormiguero

En un hormiguero hay muchas cámaras distintas. En algunas se cuida a los huevos, las larvas y las pupas. Otras se usan para guardar alimentos o desechos.

Las hormigas obreras siempre están ocupadas. Unas cuidan a la reina y a las crías. Otras vigilan la entrada del nido, atacan a los intrusos y buscan comida. Las hormigas se pasan información tocándose con las antenas.

Los escarabajos

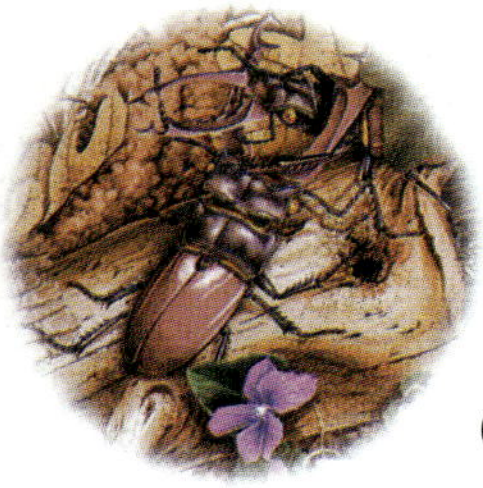

Por el piso del bosque pululan toda clase de escarabajos buscando su alimento. Algunos comen plantas. Otros son cazadores que matan y devoran a otros animales o se comen sus restos.

Los escarabajos son pequeños pero muy importantes. Al caminar entre las hojas mezclan los restos de plantas y animales con la tierra. Esto nutre la tierra y ayuda a que crezcan nuevas plantas.

En los bosques hay una multitud de bichos porque allí abunda la comida.

Las mandíbulas

Muchos escarabajos tienen mandíbulas fuertes para sujetar y morder a sus presas. Éste es un ciervo volante macho. Sus mandíbulas parecen una cornamenta. Las usa para luchar.

Escarabajos diversos

Los escarabajos son el grupo de animales más numeroso del mundo. Hay más de 300 000 especies.

Casi todos tienen un exosqueleto resistente que los protege de sus enemigos. Algunos también están armados con fuertes mandíbulas o espinas agudas.

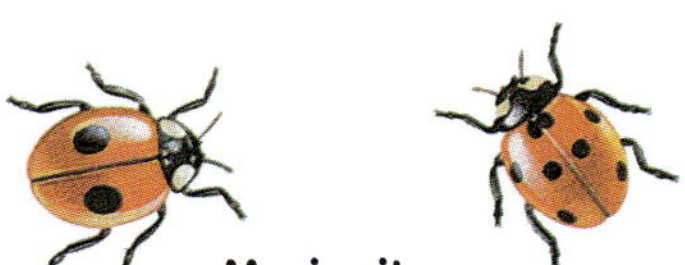

Muchos escarabajos tienen colores brillantes para que sus enemigos no se los coman. Algunos incluso son venenosos. Hay escarabajos con franjas como de avispa, esto aleja a sus enemigos, aunque los escarabajos no pueden picar.

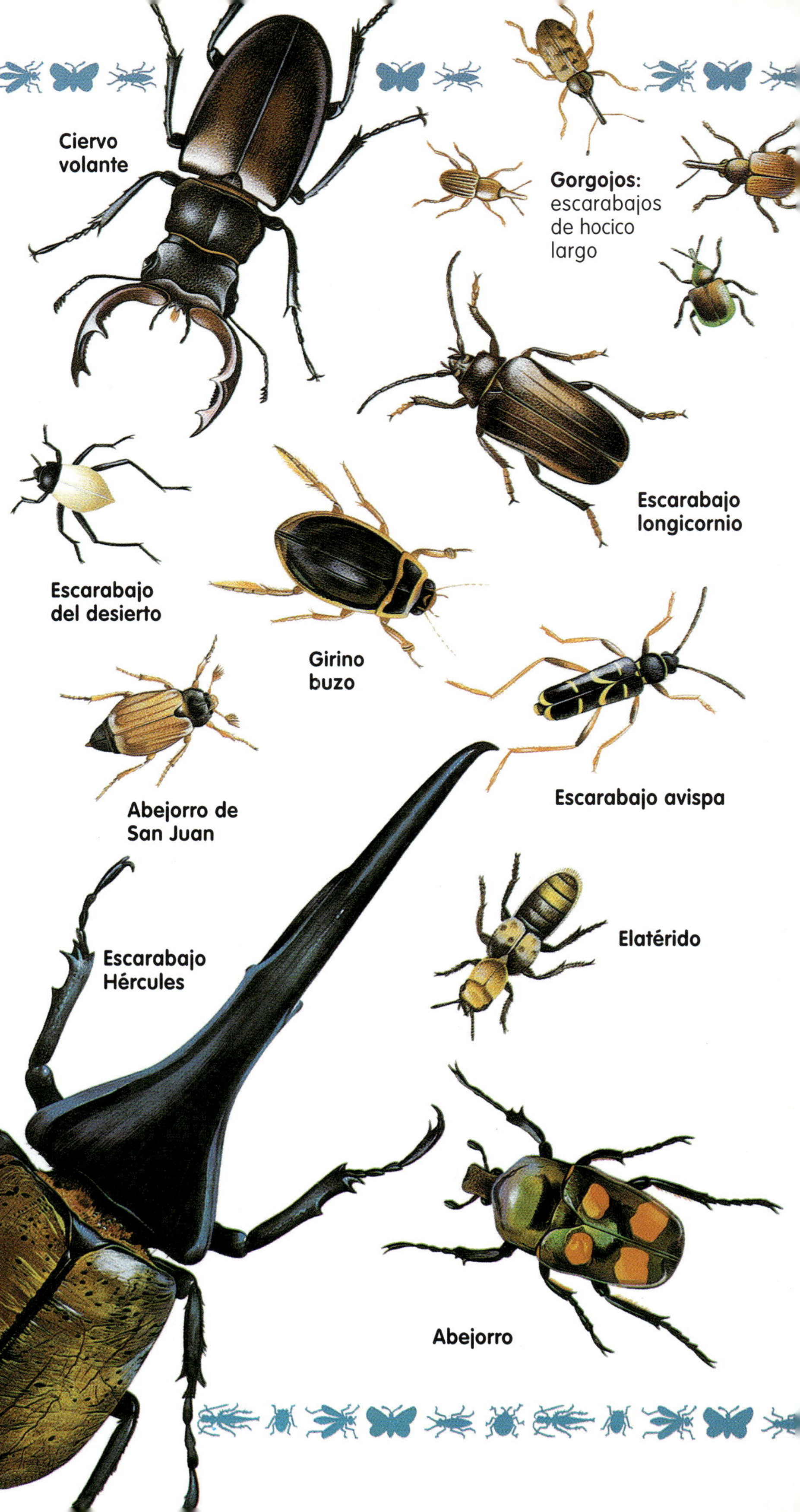

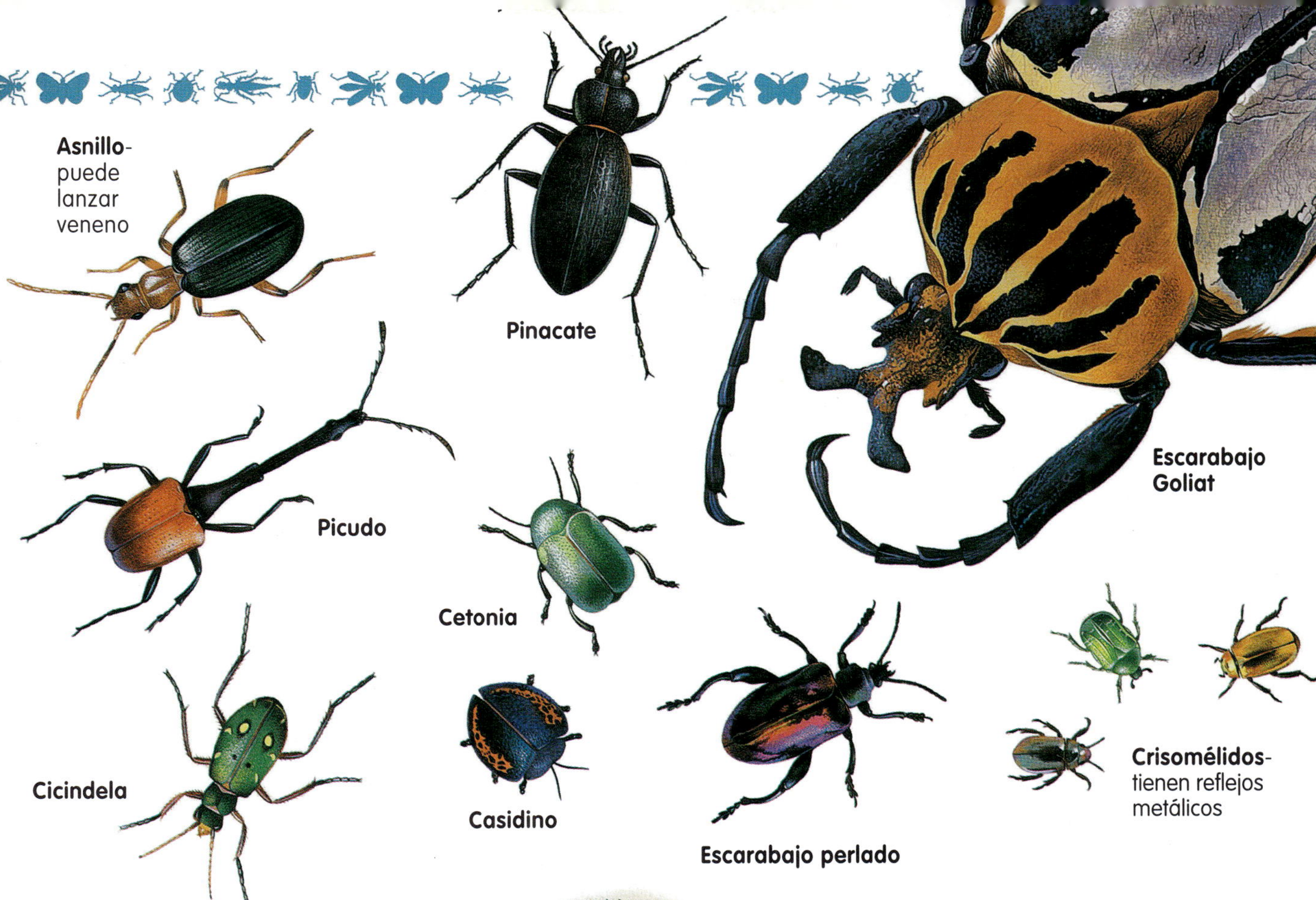

El enterrador

Los enterradores sepultan animales muertos y ponen sus huevos encima. Así, sus larvas tendrán qué comer.

Escarabajo pelotero

El escarabajo pelotero pone sus huevos dentro de bolas de estiércol de animales y las entierra después.

Gorgojo de la nuez

Este gorgojo agujerea la cáscara y pone sus huevos dentro. Las larvas devoran la nuez desde dentro.

Mariposas y polillas

Bellas mariposas revolotean por la selva luciendo los vistosos colores de sus alas. Las mariposas son activas de día. Se alimentan de las flores libando el néctar con su lengua larga y curva.

Las polillas son mariposas nocturnas. En el día, muchas polillas reposan sobre el tronco o las ramas de un árbol. Su color pardo se confunde con la corteza. Este camuflaje las hace difíciles de ver.

Mariposa naranja

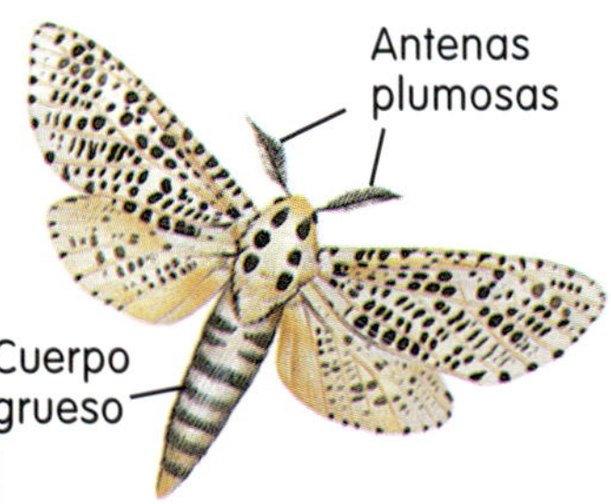

Polilla leopardo

¿Mariposa o polilla?

Las mariposas tienen colores más vivos y cuerpo más delgado que las polillas. Las antenas de la mariposa son en clava; las de la polilla pueden ser plumosas.

De huevo a mariposa

La mariposa pone un huevo en una hoja

Una oruga sale del huevo

La oruga forma una crisálida

La mariposa seca sus alas al aire

Como muchos insectos, las mariposas cambian por completo al crecer. Este cambio es la metamorfosis.

Hay cerca de 150 000 especies de mariposas y polillas. Ellas y sus orugas tienen colores y tamaños muy variados.

La polilla Atlas es del tamaño de un plato. En cambio, la mariposa pigmea es apenas del ancho de tu pulgar.

Polilla de Madagascar

Mariposa Apolo

Polilla luna

Mariposa pigmea

Mariposa blanca de la col y su oruga

Mariposa de Cairn y su oruga

Polilla lagarta

Mariposa 88

Mariposa atalanta

Mariposa aurora

Mariposa macaón y su oruga

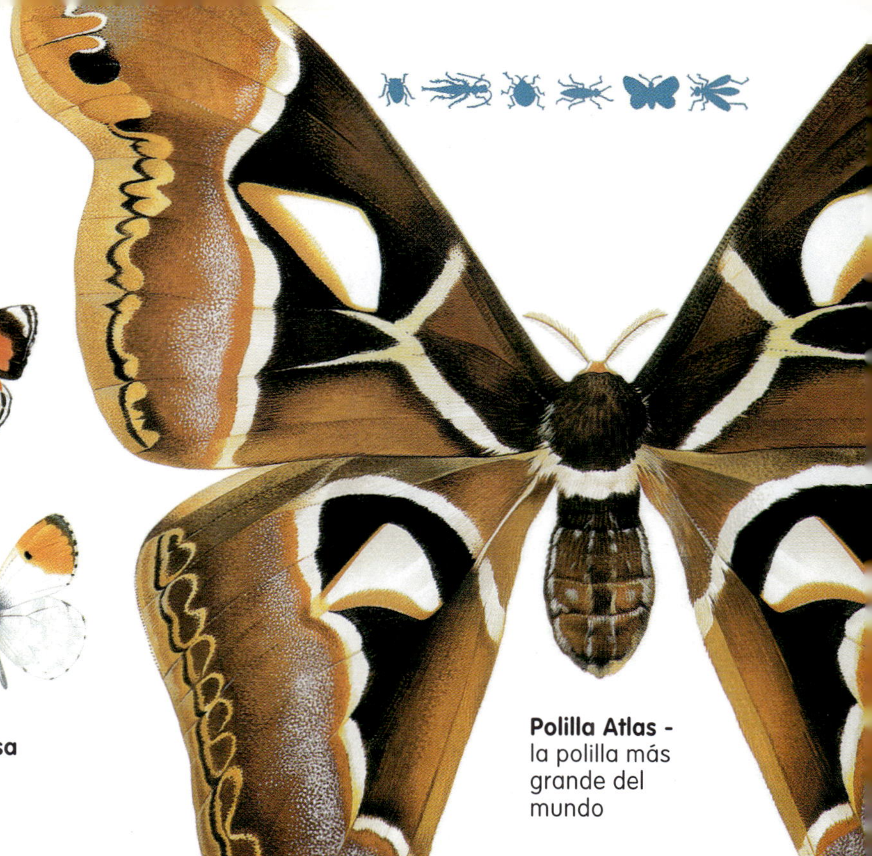

Polilla Atlas - la polilla más grande del mundo

Polilla geométrida esmeralda

Mariposa coma y su oruga

Mariposa azul y su oruga

Polilla noctúida

Abejilla del álamo

Alas brillantes

Las alas de las mariposas y las polillas están cubiertas de pequeñas escamas que brillan con la luz. Algunas tienen colores vivos. Otras tienen patrones complejos o parecen tener “ojos”. Cuando una mariposa o polilla aletea ante sus enemigos, los confunde y así tiene tiempo para escapar.

Las libélulas

La vida en un estanque no siempre es pacífica. Libélulas enormes vuelan ruidosamente devorando moscas. Las esbeltas damiselas brillan al sol mientras atrapan jejenes. Otros cazadores viven dentro del agua y capturan todo lo que tienen cerca.

Los ciclos de vida

La libélula empieza su vida como un huevo en el agua. El huevo se convierte en una voraz criatura, la ninfa, que vive y crece en el estanque. Tras un año o dos, la ninfa sale del agua y trepa a una planta. Allí, su piel se abre y de ella sale una nueva libélula. No todas las criaturas pequeñas salen del estanque. Algunas, como los escorpiones y arañas de agua, pasan toda la vida bajo el agua.

Cazar para comer

▲1 Una ninfa de libélula acecha en el agua, camuflada por su color pardo. De pronto, un renacuajo nada por allí.

▲2 Ágilmente, la ninfa saca un par de mandíbulas ganchudas y atrapa a su presa.

▲3 Las mortales mandíbulas de la ninfa vuelven a su sitio y la cazadora devora su cena.

► Las libélulas son voladoras formidables. Tienen dos pares de alas independientes entre sí. Esto les permite dar vueltas, cambiar su velocidad o aletear suspendidas sobre el agua.

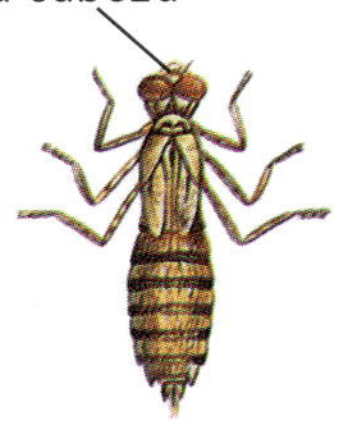

Ninfa de libélula

Libélula adulta

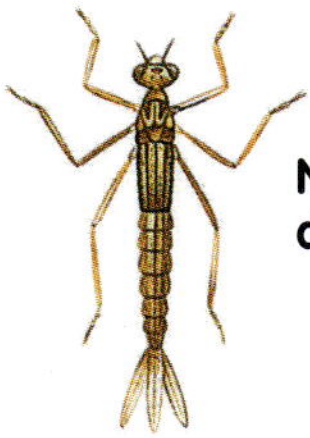

Ninfa de damisela

Damisela adulta

▲ Igual que las libélulas, las damiselas y los fríganos ponen huevos en el agua. Un huevo de damisela se convierte en una ninfa; el del frígano, en una larva.

La larva se oculta en un tubo de seda, que disimula con plantas y piedras

Larva de frígano

Frígano adulto

Vida en el agua

Todos los animales necesitan oxígeno. Algunas criaturas del estanque lo sacan del agua; otras lo toman del aire.

La ninfa de la damisela tiene tres branquias en la cola, que sacan oxígeno del agua.

El escorpión de agua flota hasta la superficie y absorbe aire por un tubo.

El girino buzo junta burbujas de aire y las guarda bajo las alas.

Por la noche

¿Has salido alguna vez en una noche de verano? Los mosquitos zumban, los grillos cantan, los cocuyos y las luciérnagas brillan en la oscuridad. Así se envían señales unos a otros.

La noche es un buen momento para los bichos porque el aire está fresco y muchos de sus enemigos duermen. En las horas de oscuridad estos animalillos cazan, comen y buscan pareja. Al amanecer se esconden, y las abejas, mariposas y otras criaturas amantes del sol vuelven con el calor y la luz.

Glosario

abdomen Parte trasera del cuerpo de un insecto. En el abdomen están el corazón, los órganos que digieren los alimentos y los que dan origen a las crías.

antena Cada uno de los dos órganos que captan olores y sabores del aire y permiten a un bicho reconocer lo que lo rodea.

branquia Parte del cuerpo de un animal que le permite respirar bajo el agua. Las branquias absorben el oxígeno disuelto en el agua. Las ninfas de los insectos acuáticos, como damiselas y libélulas, tienen branquias, igual que los renacuajos y los cangrejos.

camuflaje Colores y patrones de un animal que le ayudan a confundirse con lo que lo rodea y lo hacen difícil de reconocer.

chinches Grupo de insectos con un hocico largo que clavan en los animales o las plantas para extraer la sangre o los jugos.

colmillo Parte aguda de la mandíbula con que las arañas inyectan el veneno.

colonia Grupo numeroso de animales que viven juntos, como las abejas melíferas y las hormigas.

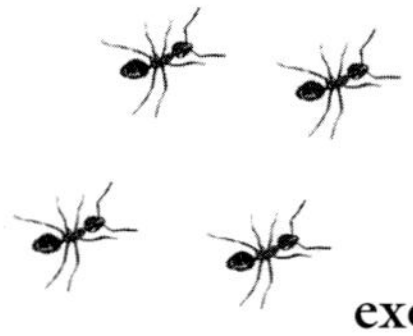

exosqueleto Cubierta dura sobre el cuerpo de muchos insectos y arácnidos.

insecto Animal con un cuerpo de tres partes y tres pares de patas.

larva Fase joven de un insecto después de salir del huevo, que no se parece al adulto. Una larva tiene que pasar por la fase de pupa antes de convertirse en un insecto adulto.

metamorfosis Transformación de un insecto joven en insecto adulto, por ejemplo, de oruga a mariposa.

néctar Jugo dulce que producen las flores y que atrae a los insectos y otros animales. Las abejas lo usan para hacer miel.

ninfa Fase joven de un insecto, como los grillos o las libélulas, que se transforman gradualmente en adulto sin pasar por la fase de pupa o crisálida.

oxígeno Gas que necesitan respirar todos los animales para vivir. El oxígeno es uno de los gases del aire y está disuelto en el agua.

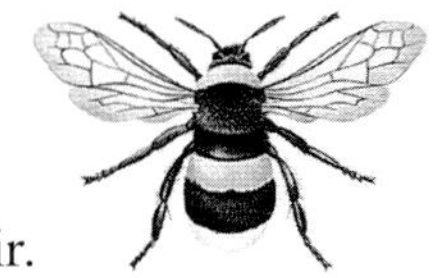

palpos Dos órganos largos cerca de las mandíbulas de un insecto o araña con el sentido del gusto y el tacto.

polen Polvo amarillo que producen las flores. Cuando los insectos o el viento lo llevan a otras flores iguales, éstas pueden dar semillas.

pupa Fase de la vida de un insecto en que se convierte de larva en adulto. En las mariposas y polillas, la pupa se llama crisálida.

tórax Parte media del cuerpo de un insecto, entre la cabeza y el abdomen. Las alas y las patas del insecto salen del tórax.

zángano Abeja macho. Su única función es aparearse con la reina.